Lara'Marie
Obermaier

Energie für Deine Seele

Inspirationen. Übungen. Meditationen.

Bibliografische Information der Deutschen Nationalbibliothek:
Die Deutsche Nationalbibliothek verzeichnet diese Publikation in der
Deutschen Nationalbibliografie, detaillierte bibliografische Daten sind im
Internet über http://dnb.dnb.de abrufbar.

1. Auflage
© 2019 Lara'Marie Obermaier
Herstellung und Verlag
BoD – Books on Demand, Norderstedt
ISBN 978-3-7504-1036-7

Inhalt

Energie für Deine Seele

Auf dem gesamten amerikanischen Kontinent wird der Kolibri als heiliges Totem verehrt. Denn dieser kleine Vogel nährt sich hauptsächlich vom Blütennektar und weiß ganz genau, welche Blüten für ihn die energiereichste Nahrung bereithalten. Dieses kleine Büchlein möchte Energie und Nahrung für Deine Seele sein. Basierend auf langjähriger Erfahrung in der Ausbildung und im Coaching findest Du hier bewährte Übungen, die Dir helfen können, Deinen Alltag leichter zu meistern. Übungen, die Dir Inspiration vermitteln möchten und die Dich Herausforderungen als Wachstumschance erkennen lassen können.

In die Stille kommen

Wenn es laut ist in uns und wir uns selbst nicht mehr hören, ist es schwer, in die Stille zu kommen. Wir nehmen all die Anforderungen und Ansprüche an uns wahr, aber nicht mehr unbedingt das, was uns wirklich gut tun würde.

Unser innerer Antreiber ist aktiv. Das kann uns in Aufruhr, Bewegung versetzen und sich durchaus auch mal energiegeladen und motivierend anfühlen.

Doch als Dauerzustand erschöpft es und möglicherweise kommen wir in einen gelähmten Zustand. Dauererschöpfung kann zu depressiven Verstimmungen führen und unsere Lust am Leben deutlich schmälern.

Machen wir es doch in solchen Situationen genau so wie der Kolibri. Werde wie ein Kolibri, der im größten Sturm vollkommen still in der Luft stehen kann...

Übung: Komm zu Dir selbst

1. Nimm ein paar tiefe Atemzüge: durch die Nase ein, durch den Mund aus.
2. Lass das, was Dich momentan so beschäftigt oder belastet wie auf einer Bühne vor Deinem inneren Auge erscheinen. Beobachte, aber steige nicht ins Detail ein. Vielleicht sind es Anforderungen im Beruf, in der Beziehung, in der Familie, finanzielle Sorgen, die Dich umtreiben.
3. Nimm Dir eins nach dem anderen vor, konzentriere Dich in dieser Übung jeweils auf eine An- oder Überforderung.
4. Nun atmest Du das, was da gerade so turbulent, überladen, penetrant in Dir kreist, tief aus. Wenn Du einatmest, atmest Du Stille und Gelassenheit ein, beim Ausatmen lässt Du die Belastung ganz bewusst aus Deinem Mund strömen.
5. Das machst Du solange, bis Du spürst, dass es ruhiger wird in Dir.
6. Nun nimmst Du bewusst Kontakt auf mit dem Herzschlag von Mutter Erde. Da wir sowieso in ihrem Frequenzfeld leben, kommt das ganz natürlich zu Dir. Ihr Herzschlag ist langsamer als der unsere und Du folgst ihrem Rhythmus. Du kannst Dir dazu das Rauschen der Wellen oder eines Gebirgsbaches ins Gedächtnis rufen.
7. Mit jedem ruhigen Einatmen atmest Du diese Entspannung ein und beim Ausatmen spendest Du sie überall hin in Deinen ganzen Körper.

Diese Übung beansprucht nur wenig Zeit und ermöglicht es Dir, auch in stressigen Zeiten mit Dir selbst in Kontakt zu bleiben.

Aus dem Drama aussteigen

Letztens im Wald lagen vor mir zwei Bäume, gefällt vom Sturm. Was beiden gemein war: sie waren von Efeu dicht umwickelt und das machte sie zu schwer, sie wurden vom Wind gebrochen. Für die Bäume ist es das Ende, während sich der Efeu einen neuen Wirt sucht.

Wenn wir dieses Bild als Metapher verstehen: was ist in unserem Leben der Efeu, für den wir uns als Wirt zur Verfügung stellen, der uns fest im Griff hat, uns die Luft nimmt? Ist es der Job, unsere Beziehung, unsere Eltern, bestimmte Freunde? Sind es Süchte, die uns im Griff haben?

Wir mögen glauben, wenn wir uns aus dieser Einengung lösen könnten, dann wären wir frei, sorglos, glücklich. Wenn der Druck zu groß wird, dann kann es sein, dass wir ausbrechen: wir schmeißen den Job hin, wenn die Kündigung auch nur innerlich erfolgt. Oder wir verlassen die Beziehung, reduzieren Kontakte auf ein Minimum bis zum Abbruch. Das Problem ist: auch wenn wir gehen, nehmen wir uns selbst mit. Das heißt, das Muster ist nicht gelöst und wird sich wiederholen.

Wie werden wir wieder zum Fluss, der seinem Weg unbeirrt aller Hindernisse treu folgt?
Ein Lösungsansatz: wir setzen mal nicht bei dem Offensichtlichen wie dem Job, dem Partner, der Mutter/dem Vater an, nicht bei der Zigarette sondern bei dem, was uns wirklich verstrickt. Meist sind wir in dem aus der Transak-

tionsanalyse bekannten Drama-Dreieck verfangen – im ständigen Wechsel zwischen Opfer, Täter, Retter.

Nehmen wir für das bessere Verständnis der Dynamik des Drama-Dreiecks das Beispiel Arbeit: Wir bekommen immer mehr aufgebürdet und kommen in die Überlastung (Opfer). Plötzlich kommt der Moment, in dem es aus uns herausbricht und wir wehren uns: wir zetteln einen Konflikt mit dem/der Vorgesetzten an oder lassen uns krankschreiben. Welche Strategie wir auch wählen, damit sind wir in der Täter-Position. Meist wird uns dann schnell klar, dass wir überreagiert haben und unseren Job gefährden. Nun tun wir alles, um den vermeintlichen Schaden zu begrenzen und werden zu unserem eigenen Retter. Wir arbeiten also noch mehr, lassen uns noch mehr bieten – und sind wieder in der Opfer-Rolle angelangt.

Erkennst Du Dich als im Drama-Dreieck verfangen wieder? Allein das Bewusstsein über diese Dynamik wird schon etwas ändern.

Übung: Befreie Dich selbst

1. Nimm Dir drei kleine Gegenstände, wie z.B. Spielfiguren. Stelle sie vor Dir in einem gleichschenkligen Dreieck auf. Entscheide, in welche Position Du zuerst eintauchen möchtest. Du nimmst den Gegenstand in die Hand und fühlst Dich z.B. in die Rolle als Opfer ein. Lass alle negativen Emotionen beobachtend zu. Atme tief durch die Nase ein, lass die Emotionen durch das Ausatmen durch den Mund los. Fahre damit so lange fort, bis die Emotion nicht mehr in Dir spürbar ist.

2. Stelle den Gegenstand zurück und nimm nun den Gegenstand für den Täter auf und wiederhole den Prozess wie beim Opfer. Gleiches machst Du dann mit dem Retter.

3. Nun wählst Du einen weiteren kleinen Gegenstand aus und stellst ihn in die Mitte des Dreiecks. Das ist jetzt Deine Beobachter-Position. Im zweiten Durchgang wirst Du Erstaunliches entdecken: jede Position enthält Geschenke für Dich und die sind so groß, dass Deine Seele sie auf keinen Fall aufgeben will. Deshalb nimmst Du nun die Geschenke zu Dir!

4. Nimm den Gegenstand der Beobachter-Position in die Hand sowie den Gegenstand für das Opfer. Nun fühle Dich ein, wenn Du das Opfer bist: welche Geschenke sind in dieser Position? Das könnte eine Wichtigkeit sein (Job-bezogen: ohne mich geht es nicht, das kann nur ich).

5. Was sind Deine Geschenke in dieser Position? Atme die Geschenke tief ein und beim Ausatmen durch den Mund lässt Du das Seelengeschenk überall in Dir hin fließen, von Kopf bis Fuß, bis in Deine Zellen.

6. Nun stellst Du den Gegenstand für das Opfer zurück und nimmst in der Beobachter Position wahr, wie sich Dein Körper mit diesen Geschenken anfühlt.

7. Nun wiederholst Du das Gleiche mit dem Täter und dem Retter. Zum Schluss nimmst Du in der Mitte nochmals alle Geschenke über Deinen Atem zu Dir und triffst die Entscheidung, dieses Dreieck bewusst zu verlassen. Nimm das Beobachter-Objekt und gehe beherzt aus dem Dreieck hinaus.

Du kannst nun der Fluss sein, indem Du die Verflechtung der negativen Emotionen und der Geschenke für Dich aufgelöst hast.

Uns selbst schützen

Immer wieder verspüren wir die Tendenz, uns vor einer Situation oder vor jemandem schützen zu wollen: „Immer wenn ich mit dieser Person oder dieser Situation zu tun habe, geht es mir schlecht. Also vermeide ich besser die Situation oder ein Zusammentreffen mit diesem Menschen."

Doch ist das wirklich die für uns hilfreichste Lösung?
Manchmal scheint Distanz oder gar Kontaktabbruch die einzige Lösung zu sein. Doch das ist nicht immer ist realisierbar. Deshalb sollten wir uns ansehen, wo unsere Anziehungskraft für die Dynamik dieser Situation oder Beziehung liegt.

Nehmen wir als Beispiel eine Person, die uns jedes Mal, wenn wir zusammentreffen in irgendeiner Form angreift. Das kann sehr subtil, schwer fassbar sein. Doch wir fühlen uns in die Enge getrieben, verletzt, aus unserer Mitte gebracht. Vielleicht erleben solch eine Situation am Arbeitsplatz.

Dann wäre die einzige Möglichkeit dem zu entgehen, den Job zu wechseln. Wir haben jedoch noch eine andere Wahl, und zwar zu sehen, warum wir genau dieses Verhalten oder diese Situation anziehen.

Übung: Grenzen setzen

1. Um zu reflektieren und Deiner Seele eine Stimme zu geben, suchst Du Dir eine stille Umgebung. Nimm Kontakt zu Deinem Herzen und dem goldenen Funken darin auf. Beobachte die Situation wie ein Zuschauer ein Bühnenstück. Welche Emotionen steigen in Dir in diesem Zusammenhang auf?

2. Beim tiefen Einatmen (durch die Nase) rufst Du die durch die Situation entstehende Emotion beobachtend in Dir auf, beim tiefen Ausatmen durch den Mund lässt Du sie aus Dir entweichen. Mit jedem Einatmen rufst Du diese Emotion wie ein Magnet in Deinen Atem und beim tiefen Ausatmen entlastest Du Dich davon.

3. Das führst Du so lange fort, bis Du die Emotion nicht mehr spüren kannst. Höre nicht zu früh auf, sondern folge Dir selbst durch alle Zeiten hindurch.

4. Wenn Du alles losgelassen hast, beobachte Dich: was fühlst Du nun? Ist es z.B. Erleichterung, Kraft oder Frieden oder Ruhe? Nun atmest Du dieses neue Gefühl durch die Nase ein und beim Ausatmen lässt Du Dein ganzes Sein davon erfüllen.

5. Trinke Dich richtig satt von dieser Erleichterung, dieser Kraft, dem Frieden, der Ruhe etc.

6. Wenn Du so erfüllt bist, dann gehe in den neuen Erfahrungsraum: Rufe die Situation mit diesem Menschen auf und begegne ihr genau aus diesem neuen Gefühl heraus. Welche Reaktion gelingt Dir jetzt? Welche Impulse der Gelassenheit können von Dir ausgehen?

7. Nimm wahr, wie Du Dich nun abgrenzen kannst, ganz bei Dir bleiben kannst. Die Neurobiologie sagt, wir können eine alte Erfahrung nur mit einer neuen überschreiben. Das Loslassen der Emotionen aus Deinem limbischen System und die Visualisierung, die auf Seelenebene geschieht, bilden eine neue Erfahrung. Damit kannst Du die alte Erfahrung jetzt bewusst überschreiben, um zukünftig in der Lage sein zu können, anders zu reagieren.

Aus einem endlosen Kreislauf aussteigen

Wir sind auch hier in diesem Leben, um an unseren Erfahrungen zu wachsen und zu reifen. Deshalb geschieht es uns immer wieder, dass wir von Zeit zu Zeit in eine ähnliche Situation kommen und wir uns denken „da war ich doch schon mal, diese Situation kenne ich". Wenn wir in der Lage sind, auf diese Situation nun anders zu reagieren als früher, neue Impulse setzen können, uns abgrenzen oder uns einbringen, dann kann man diesen Umstand als eine aufsteigende Spirale der Erfahrung bezeichnen. Das heißt, wir haben uns selbst weiterentwickelt, verfeinert und sind an der Situation gewachsen. Solange wir dieser bestimmten Situation in unserem Leben begegnen und eine Veränderung in unserer Wahrnehmung und Handlung wahrnehmen, sind in dieser Situation, also in dieser Erfahrungsspirale, noch Wachstumsmöglichkeiten vorhanden.

Es gibt jedoch auch Situationen, da drehen wir uns im Kreis. Wir wissen, wir haben genug gelernt und wir haben es so satt, immer im gleichen Kreislauf gefangen zu sein. Erfahrungen, die sich im Kreis drehen, sind erschöpfend, auslaugend weil kein Entwicklungspotential mehr darin enthalten ist.

Das Gute daran: sobald uns dieser Unterschied bewusst ist und wir verstehen, dass wir die Erfahrung in der Spirale schon längst ausgereizt haben, können wir die bewusste Entscheidung treffen, diesen scheinbar endlosen Kreislauf zu verlassen.

Übung: Neu anfangen

1. Visualisiere für Dich die Situation, in welcher Du Dich im Kreis drehst, wirklich als Kreis, in dem Du nun stehst. Spüre Dein Unwohlsein. Beobachte, wo es in Deinem Körper ist und atme es ganz bewusst aus – zuerst tief durch die Nase ein (damit rufst Du es aus dem limbischen System beobachtend auf) und durch den Mund tief aus – damit entlässt und entlädst Du es aus Deinem Fünfkörper System. Damit fährst Du so lange fort, bis Du eine Veränderung im Gefühl wahrnimmst. Das kann Ruhe, Frieden, Erleichterung sein, das ist ganz individuell.

2. Nun atmest Du das neue, positive Gefühl tief durch die Nase ein und lässt es beim Ausatmen durch den Mund überall hin in Dein System fließen. Wenn Du ganz davon erfüllt bist, triffst Du die bewusste Entscheidung, diesen Endloskreis jetzt zu verlassen.

3. Du dankst für alles dadurch Gelernte, indem Du Deine Hände nach vorn ausstreckst, das Gelernte bewusst zu Dir in Dein Herz nimmst. Atme das Geschenk in der gemachten Lernerfahrung tief in Dein Herz ein.

4. Nun steigst Du ganz bewusst aus dem Kreis aus und begibst Dich so in das unendlich weite Feld der Möglichkeiten.

5. Hier visualisierst Du eine Dich erfüllende Landschaft. Wie sieht diese Landschaft aus? Nimm Dein Gefühl in dieser Landschaft tief in Dir auf und verankere es durch eine Körperbewegung. Führe diese Körperbewegung mehrfach aus, so dass Du wirklich einen neuen Anker in Dir setzt. Dadurch hast Du den Kreislauf durchbrochen und bist bereit für neue Erfahrungen!

Ein Problem nicht nur lösen, sondern sich davon ganz erlösen

Im Alltag sind wir oft bestrebt, rasch Lösungen zu finden um ein Thema, einen Konflikt möglichst schnell vom Tisch zu haben. Wir nehmen die Lösung, setzen den Haken dran und „gut ist". Wir eilen zum nächsten Tagespunkt. Soweit so gut – scheinbar.

Trotzdem mag etwas tief in uns bohren, ein Unbehagen vorhanden sein. Uralte Gefühle melden sich wie Scham, übervorteilt worden zu sein, uns selbst wieder einmal übergangen zu haben.

Das können wir nun mit unserer Kraft beiseite schieben. Wir können uns selbst sagen, alles, was geschah, war genau so notwendig. Die Erklärungen kommen aus unserem Verstand. Das Unbehagen ist jedoch eine Wahrnehmung unserer Seele. Wie können wir uns selbst in Einklang bringen?

Übung: Wirklich einverstanden sein

1. Eine schöne Möglichkeit ist es, die Lösung, mit der zwar unser Verstand, aber nicht unbedingt unsere Seele einverstanden war, auf ein Blatt Papier zu schreiben.

2. Dieses Blatt legst Du in die Mitte einer gedachten Linie. Mit circa 1 m Abstand legst Du ein Blatt auf die rechte Seite hin, beschriftet mit „Verstand", im gleichen Abstand legst Du ein mit „Seele" beschriftetes Blatt auf der linken Seite ab. Damit hast Du erst einmal ein Schwingungsumfeld um die Lösung geschaffen, in welchem sowohl Verstand als auch Seele einen gleichwertigen Platz haben.

3. Stelle Dich nun auf das Blatt mit der Lösung und nimm war, wie es sich in Deinem Körper anfühlt. Macht die Lösung Dich weit oder eng? Wirst Du unruhig oder starr? Welche Emotionen kommen? Es geht hier nur um das Beobachten.

4. Von dieser Position aus gehst Du nun zuerst zum Feld des Verstandes und zwar auf einer gedachten Linie. Spüre hier alle Geschenke seitens des Verstandes für diese Lösung auf: vielleicht Frieden, vielleicht Fortschritt statt Stillstand.

5. Was auch immer an Positivem kommt, lass es durch Dich durchfließen. Nimm nun diese Ressource mit zur Lösung, indem Du auf der gedachten

Linie dorthin gehst, Dich auf den Platz der Lösung stellst und die ganze, gerade gesammelte Ressourcenkraft des Verstandes hinein fließen lässt.

6. Nun geh auf der gedachten Linie zum Platz Deiner Seele. Erlaube Dir nun, die Widerstände gegen diese Lösung, die sich hier zeigen mögen, in Dir beobachtend aufsteigen zu lassen. Beispielsweise „ich habe mich wieder mal klein gemacht, um die Lösung zu erreichen".

7. Atme alle Emotionen, die jetzt in Dir aufsteigen ganz bewusst und kraftvoll durch den Mund aus und zwar so lange, bis diese Emotionen Dein System ganz verlassen haben. Spüre, was jetzt stattdessen in Dir aufsteigt: ist es Befreiung, Frieden, Stärke...?

8. Es wird sich etwas kraftvolles zeigen, wenn Du Deiner Seele den Raum gibst, es Dich spüren zu lassen. Dieses neue Gefühl atmest Du nun kraftvoll ein und ebenso kraftvoll durch den Mund aus, indem Du es in alle Zellen schickst, bis Du ganz davon erfüllt bist.

9. Nun nimmst Du diese Ressource Deiner Seele auf der imaginären Linie zum Lösungsplatz und lässt sie ebenfalls dort einfließen. Spüre in Dir, wie sich die Qualität der Lösung verändert. Nun kann sich in Dir die Kraft entfalten, konstruktiv einen Lösungsansatz anzubieten, der auch Deine Seelenebene berücksichtigt.

Unsere Entscheidungen zu einer Erfolgsreise werden lassen

Immer wieder kommen wir in unserem Leben an den Punkt, eine wichtige Entscheidung fällen zu müssen. Meistens ist uns nicht bewusst, dass wir damit dem Lauf unserer Bestimmung auch eine neue Richtung geben. Denn unsere Bestimmung entscheidet sich im Moment unserer getroffenen Wahl, und nicht erst in der Zukunft.

Weil eine Entscheidung erforderliche Schritte mit sich bringt, können wir leicht immer mal wieder in eine Unsicherheit geraten. Haben wir wirklich den richtigen Schritt getan haben oder wäre es anders nicht doch besser gewesen? Werden wir durch diesen Schritt glücklicher? Bringt er uns näher zu uns selbst? Oder von uns weg? War es ein Kompromiss?

Die Schamanen bedienen sich einer uralten Weisheit, nämlich dem Setzen eines Ankers in der Zukunft und dem Verfolgen der Zeitlinie in die Zukunft.

Übung: Entscheidungen umsetzen

1. Setze Dich an einen ruhigen Ort, nimm einen Stein, den Du magst oder einen Kristall in Deine linke Hand. Halte ihn an Dein Herz. Atme ein paar Mal tief durch die Nase ein, durch den Mund aus und jedes Mal lässt Du mehr Spannung aus Deinem Körper gehen.

2. Wenn Du ruhig und zentriert bist, nimmst Du den Stein oder Kristall, konzentrierst Dich auf Deine getroffene Entscheidung. Dann bläst Du die Energie der Entscheidung dreimal in den Stein.

3. Im ersten Schritt visualisierst Du das positive Ergebnis in der Zukunft. Träume groß! Lass es richtig auf Dich wirken, lass es Farbe und Gestalt annehmen und wenn Du damit einverstanden bist, bläst Du es dreimal in den Stein. Damit hast Du den Anker in der Zukunft gesetzt.

4. Bevor Du den zweiten Teil der Reise beginnst, hast Du Dich für einen Zeitrhythmus entschieden, in welchem Du in der Zeit voran gehen möchtest.

5. Nehmen wir einen 5 Jahres Rhythmus als Beispiel. Halte nun den Stein/Kristall an Dein Herz und folge der imaginären Zeitlinie wie an einer Schnur in die Zukunft. Sieh Dich selbst in der durch Deine Entscheidung getroffenen Situation in fünf Jahren. Achte darauf: fühlt es sich weit oder eng an? Was sind die Geschenke, welche Hindernisse gibt es?

Gibt es Hindernisse? Was muss geschehen, damit sich das positive Ergebnis manifestieren kann? Wenn hilfreich, mache Dir Notizen.

6. Reise weiter an der Schnur zum nächsten Zeitmarker, so, als würde die Zeit wie eine Landschaft aus dem Zug heraus betrachtet vorbeifliegen. Stelle Dir die gleichen Fragen. So fährst Du fort, bis Du zu einem für Dich relevanten, realistischen Zeitpunkt in der Zukunft angekommen bist,

Dies ist ein wunderbares Feedback-System Deiner Seele. Und falls Du feststellst, dass Du nicht zu einem für Deine Seelenreise stimmigen Ergebnis kommen wirst, kannst Du jetzt, in der Gegenwart, eine andere Entscheidung für Dich treffen. So nimmst Du auf den Lauf Deiner Bestimmung ganz bewusst Einfluss. Ein wunderbares, kraftvolles Gefühl, nicht wahr?

Wie wir entschleunigen können: unsere lineare Zeit mit schamanischem Zeitverständnis durchdringen

Wie oft fühlen wir uns fest im Griff der Zeit, und sagen: ich habe keine Zeit für... mich, meine Freunde, meine Träume. Wie oft werden wir von Außen strukturiert und fühlen uns in ein Korsett gezwängt. Zeit scheint der alles bestimmende Faktor zu sein. Die lineare Zeit, die so sehr ihr Diktat ausübt, stammt aus unserer menschlichen Erlebnis-Frequenz. Sie wurde geprägt – wen erstaunt es – von der Kirche, die durch festgesetztes Glockengeläut mit dem Ruf zum Gebet den Tag aller strukturierte. Die fortschreitende Industrialisierung löste dies später ab und es etablierte sich die mittlere Zeit. So, wie wir sie als Zeiteinteilung kennen.

Ganz anders die indigenen Völker. Sie folgen als Zeit dem Lauf der Sonne und des Mondes und das gibt ihnen wesentlich größere Spielräume innerhalb ihrer eigenen Struktur. Sie folgen dem natürlichen Lauf und nicht einem festgelegten Wert.

Nun mag man sich fragen, wie soll das in unserem westlichen Alltag gehen? Wir müssen pünktlich sein, bei der Bahn, zum Meeting, zur Schule, zur Arbeit. Schamanen sind ein Volk der Wahrnehmung. Wenn sie einen Umstand ändern wollen, dann verändern sie ihre Wahrnehmung.

Übung: Entschleunigen

1. Beobachte Dich selbst einmal: Du gehst spazieren. Was geschieht da mit Dir? Schaffst Du es, Dich einfach dem Fluss zu überlassen, wahrzunehmen, wie die Natur um Dich herum wirkt, wie die Wolken ziehen, die Sonne wandert, sich der Untergrund auf dem Du gehst anfühlt? Oder bist Du so in Gedanken vertieft, dass Du die Umgebung völlig ausblendest und schon beim nächsten Meeting bist, ein Problem analysierst, nebenbei auf Deinem Smartphone Nachrichten abrufst – das berühmte Multitasking? Oder musst Du dem Spaziergang einen Sinn geben, indem Du zusätzlich ins „Walking" schaltest, also gleichzeitig Deinen Körper trainieren willst? Auch das ist Multitasking....

2. Beobachte Dich auch bei Deiner Arbeit: Wie sehr bist Du wirklich präsent mit dem, was Du gerade tust? Bist Du ganz im Moment darauf konzentriert und erledigst (was ursprünglich „sich befreien" bedeutete) Deine Aufgaben? Oder schweifst Du ständig ab und Deine Gedanken gehen auf Wanderschaft oder Du versuchst nebenbei ein größeres Problem zu lösen, oder verlierst Dich in Tagträumen? Erstaunlich, nicht wahr? Dass wir uns durch Ablenkungen tatsächlich vom „uns befreien" weit entfernen und in die Unfreiheit kommen.

3. Nun verabrede mit Dir, die nächste Stunde oder vielleicht einen Vor- oder Nachmittag alles, was Du an Aufgaben zu erledigen hast, mit voller Aufmerksamkeit durchzuführen. Du bist ganz präsent.

Dadurch können sogar so simple Tätigkeiten wie Haus- oder Gartenarbeit einen sehr meditativen Charakter bekommen, denn Du bist ganz bei Dir. Vielleicht kannst Du auch feststellen, dass Du mit dieser Methode wesentlich effizienter bist.

4. Wenn wir in der schamanischen Zeit sind, in der alles gleichzeitig geschieht (so wie von der modernen Physik bestätigt), dann können wir uns erlauben, ganz im jeweiligen Moment präsent zu sein. Das, was ansteht, wahrnehmen und unseren Fokus gesammelt darauf richten und erledigen. Eins nach dem anderen.

5. Nein, das ist nicht langsam, sondern es bringt Dich mit allem, was Du tust in die richtige Beziehung, denn Du ehrst das, was gerade ist, mit Deiner vollen Aufmerksamkeit. Dadurch ergeben sich Lösungen, dadurch strukturierst Du Deine ganz persönliche Zeit und schaffst Dir Freiräume. Du wirst auch erkennen, wann Du Dir zu viel aufgehalst hast und kannst Grenzen setzen – auch gegenüber Deinen eigenen Ansprüchen an Dich selbst.

So halten es die Schamanen. Das ist in den indigenen Völkern ganz selbstverständlich verwurzelt, unbeeinflusst von den Kontrollmechanismen der Religionen. Eine befreiende Einsicht. Und das Beste: wir haben die Wahl, uns diese Wahrnehmung zu eigen zu machen.

Gegen den Winter-Blues:
Das Beste an der dunklen Jahreszeit entdecken

Nach der Tag- und Nachtgleiche im Herbst wird das Tageslicht kürzer, die Temperaturen kühler. Wir brauchen Wärme, Geborgenheit. Für viele hat die Zeit von der Tag- und Nachtgleiche bis zur Wintersonnwende einen herausfordernden Unterton. Denn die Dunkelheit bringt uns mehr und mehr mit unserem Inneren in Kontakt, auch mit unseren Schatten.

In den Zeiten der matriarchalen Kulturen wurde Mutter Erde für die reiche Ernte gedankt. Bis heute wird deshalb auch das Erntedankfest Anfang Oktober begangen. Da die Anbindung an die Große Mutter, die wir als Pachamama, Shekinah oder Kundalini kennen, fester Bestandteil des Lebens war, wurde diese Zeit als kostbare Möglichkeit betrachtet, wieder in die Geborgenheit des Bauches der Großen Göttin zurückkehren zu können.

Das Dunkle oder Schwarze war in den frühen Zeiten ein Symbol für Weisheit und wurde der Großen Göttin zugeordnet. Erd- und Fruchtbarkeitsgöttinnen wurden auch schwarz dargestellt. Schwarze Göttinnen wie die Isis, Astarte, Ishtar waren in der Antike stark verbreitet. So wurde von den Kreuzrittern die Schwarze Madonna nach Europa mitgebracht und überall verehrt. Den Schwarzen Madonnen wurde besondere Wunderkraft zugeordnet. Der Kirche war diese Verehrung zunehmend ein Dorn im Auge und so wurde das Auftreten der Pest von der Kirche auch als Strafe für die Verehrung der Schwarzen

Madonna bezeichnet. Man nimmt an, dass die Bezeichnung „Schwarzer Tod"
daraus entstanden sein kann.

Damit hatte man das Schwarze, Dunkle dämonisiert und den wahren Ursprung,
nämlich die Fruchtbarkeit, die Wärme der Erdmutter und die Geborgenheit
im Schoß der Großen Mutter als gefährlich gebrandmarkt. Wenn wir uns
heute im Herbst etwas verloren fühlen mögen, unwohl und der Dunkelheit
ausgesetzt, dann können wir uns jetzt daran erinnern, dass wir im Dunkeln in
die Weisheit der Großen Göttin, die das Leben selbst ist, eintauchen dürfen.
Wie wunderbar, in ihrem dunklen Schoß zur Ruhe kommen zu dürfen.

Für die indigenen Völker war das große schwarze Nichts des Weltalls ebenfalls ein Symbol der Gebärmutter der Großen Göttin und sie verbanden sich
besonders in der dunklen Jahreszeit besonders damit, um sich zu erholen,
regenerieren und zu erneuern. Interessant ist, dass Berechnungen ergaben,
dass jeder Kubik Zentimeter des leeren Weltraums mehr Energie enthält als
die Gesamtenergie aller Materie im uns bekannten Universum.

Wenn wir das Dunkle als so kostbar, geborgen und energiespendend be-
greifen, wie es die indigenen und matrilinearen Kulturen schon immer taten,
dann markiert der Oktober den Beginn eine große Zeit der Ressource für uns.

Wir sprechen auch immer wieder vom goldenen Oktober. Gold ist ein Symbol für die Sonne und damit für die maskuline Kraft. Die Kraft, die uns in die Manifestation dessen bringt, was wir erreichen oder in unserem Leben haben möchten. So wie das Dunkle für das Feminine steht, fügen wir durch das Gold das Maskuline hinzu.

Die andinen Schamanen sehen es als ihre Hauptaufgabe, das Feminine und Maskuline in die stimmige Balance zu bringen. Sie nennen das Ayni.

Übung: Kraft schöpfen

Ich möchte Dich einladen, Dir diese Ressource zu erschließen: Geh an einen Ort der Stille, lege Papier und Stift bereit (es ist wichtig, dass Du mit der Hand schreibst).

1. Nimm ein paar tiefe Atemzüge, indem Du bewusst durch die Nase ein- und durch den Mund ausatmest. Wenn Du einatmest, saugst Du die Stille ein, wenn Du ausatmest, lässt Du das los, was Dich gerade von der Stille abhält. Wenn Du innerlich zur Ruhe gekommen bist, dann gehe vor Deinem geistigen Auge zur Tag- und Nachtgleiche im März zurück.

2. Schließe die Augen. Lass die Zeit von März bis heute wie ein Bühnenstück an Dir vorbeiziehen – sei ganz in der Beobachterrolle. Richte Deinen Fokus darauf wahrzunehmen, was Dich besonders inspiriert hat. Was Dich berührte, welche Chancen Du für Dich erkannt hast. Vielleicht erscheint Dir manches wie ein Hauch, doch gerade darin kann eine besondere Essenz liegen.

3. Versuche, jede Wertung herauszunehmen wie: das wird doch sowieso nichts, das passt nicht in mein Leben/meine Beziehung, das ist unrealistisch. Erlaube Dir, groß zu träumen. Es lohnt sich, diesen Hinweisen auf Chancen, tiefen Wünschen oder Sehnsüchten nachzuspüren. Notiere sie Dir auf Deinem Blatt. Das ist sozusagen ein „Soulstorming" statt dem bekannten „Brainstorming".

4. Wenn Du so im Beobachterzustand bist, dann gibst Du nämlich Deiner Seele Raum, sich mit dem zu zeigen, was sie sich wünscht. Und da ist es gut, die Bewertung durch den Verstand außen vor zu lassen.

5. Du kannst auch für Dich notieren, was Du als einengend erkannt hast oder was Du nicht mehr in Deinem Leben haben möchtest.

6. Wenn Du bei der Herbst-Tag- und Nachtgleiche angelangt bist, nimmst Du nun jede einzelne Erkenntnis oder jeden Hinweis nacheinander in den warmen, geborenen Raum der Gebärmutter der Großen Mutter.

7. Wenn Dir das schwer fällt, dann kannst Du aufstehen, die Arme entspannt am Körper hängen lassen und Deinen Oberkörper von links nach rechts und rechts nach links drehen. Es ist eher ein Pendeln, nicht zu schnell, nicht zu langsam. Das ist eine Bewegung, die wir alle aus dem Mutterleib kennen und das kann Dir helfen, Dich bei der Visualisierung besser zurecht zu finden.

8. Denk daran, dass in dieser großen schwarzen Leere unvorstellbar viel Energie vorhanden ist. Halte die Augen geschlossen und gib nun ganz bewusst in dieses große schwarze Nichts nacheinander jede Chance, jeden Wunsch nach Veränderung hinein. Als ob Du ganz bewusst Samenkörner in die feuchte, dunkle Erde pflanzen würdest.

9. Nach jedem „pflanzen" gießt Du diesen Samen mit Deinem Atem. Unser Atem ist göttlich, weil er die Essenz es Lebens enthält. Mit jedem Einatmen saugst Du den Segen der Großen Göttin hinein und mit jedem Ausatmen lässt Du ihn in das große schwarze Nichts fließen.

10. Wenn Du das Gefühl hast, das Samenkorn Deines Wunsches, Deiner Chance ist reich genährt, fährst Du mit der nächsten Chance oder dem nächsten Veränderungswunsch fort.

Du kannst das gut für Dich als Ritual für jeden Tag bis zur Wintersonnwende durchführen, vielleicht jeden Tag einen Wunsch, eine Chance, eine Veränderung. Du kannst immer wieder überprüfen, ob Du mit Deinem göttlichen Atem nachgießen darfst.

So bleibst Du in ständigem Kontakt mit all dem, was sich in Deinem Leben manifestieren darf. Die Energie folgt der Aufmerksamkeit. Gerade in der Dunklen Jahreszeit können wir uns darauf konzentrieren.

*Zeremonien sind die Sprache der Seele –
und gar nicht schwer auszuführen!*

Aus der Tradition der nordamerikanischen Navajo: Die Magie des Sandpaintings

Manchmal ist es in uns so turbulent, dass wir gar nicht viel nach außen geben können. In unserer äußeren Welt scheint alles in Ordnung, im Beruf, in der Liebe, in der Familie, mit der Gesundheit. Doch trotzdem ist etwas in uns in Aufruhr. Die Schamanen nennen diesen Zustand den Jaguar. Denn Jaguar steht dafür, Ordnung in Chaos zu bringen, aber eben auch Chaos in die Ordnung. Diese Turbulenz, die da vielleicht gerade in Dir ist und mit Deinen geregelten Strukturen im Außen kollidiert – was macht die mit Dir? Bist Du beunruhigt? Lehnst Du sie ab? Macht sie Dich wütend oder eher unsicher? Freust Du Dich darüber? Eine gute Möglichkeit, dem Ausdruck zu verleihen ist es, ein sogenanntes Sandpainting zu gestalten. Es ist ein heiliger Prozess der Navajos, sie schaffen es auf dem Mutterboden der Wüste. In unseren Breitengraden ist es wohl eher eine Wiese.

Zeremonie: Seelen-Mandala

1. Du suchst Dir eine Stelle in der Natur, die Dich ruft. Aus Zweigen, Steinen, Blüten legst Du einen Kreis – das ist der äußere Rahmen, der „Spiritcatcher".

2. Das Innere des Kreises symbolisiert Dein Inneres, Deine Seele. Ein Sandpainting ist immer das Sichtbarmachen Deines derzeitigen Seelenzustandes.

3. Ins Innere legst Du nun Objekte aus der Natur. Erst einmal eines für Dich – puste Deine Energie hinein und finde eine Stelle, an der Du Dich innerhalb des Kreises siehst. Dann lege Deine Themen, die Dich gerade beschäftigen ebenfalls hinein, indem Du für jedes ein Objekt aus der Natur wählst.

4. Sitze damit und lass es auf Dich wirken. Lasse Dich informieren. Du legst sozusagen Deine innere Welt vor Dir selbst aus und kannst nun in Ruhe betrachten, wie sich das alles anfühlt. Verändere nicht zu schnell! Nimm wahr, was Dir Wohlsein und Unwohlsein verursacht.

5. Lass Dein Sandpainting eine Zeit alleine, damit Mutter Erde und die Naturgeister damit in Deinem Sinne arbeiten können. Dann besuche es wieder. Was immer mit und um Dein Sandpainting herum geschieht: es hat alles mit Dir zu tun. Wenn etwas fehlt, wenn eine Katze eine Hinter-

lassenschaft geschenkt hat, wenn eine Schnecke drin sitzt, wenn eine Blüte plötzlich drin ist: alles hat eine Bedeutung.

6. Du kannst das Sandpainting ein paar Stunden offen lassen, oder auch mehrere Tage. Sei Dir jedoch bewusst, dass es der Spiegel Deiner Seele ist, der da liegt und darauf möchtest Du achten...

7. Wenn Du für Dich genug gelernt hast, gibst Du alle Bestandteile mit einem Herzensdank wieder zurück an die Natur. Du hinterlässt keine Spuren.

Übrigens kannst Du ein Sandpainting auch auf Deinem Balkon oder sogar auf einem Tisch in Deiner Wohnung machen.

Aus der Tradition der Pacos der peruanischen Anden:
Die transformierende Kraft der Feuerzeremonie

Feuer übt eine magische Anziehungskraft auf uns Menschen aus. Auch wenn es nur die Flamme einer Kerze ist, wird unser Herz ganz weich und offen. Feuer hat eine hochtransformierende Kraft. Ein Stück Holz kann 20 Jahre lang allen Wettereinflüssen in der Wüste trotzen. Wird es jedoch vom Feuer erreicht, verzehren es die Flammen in Minutenschnelle und verwandeln es in Asche. Deshalb geben die Pacos (so nennt man in Peru die Schamanen) auch alles, was zur Transformation ansteht, in ein heiliges Feuer. Besonders ihre Gebete. Denn sie glauben, dass unsere Gebete mit dem Rauch zu Spirit aufsteigen und dort beantwortet werden. Unsere Sorgen, Nöte, Ängste dürfen sich dagegen im Feuer auflösen und gehen als Asche zurück zu Mutter Erde.

Feuerzeremonie: Altes loslassen, Neues einladen

Du kannst eine Feuerzeremonie an einem erlaubten, geschützten Ort in der Natur vollziehen. Oder draußen in einer Feuerschale, im Haus in einem offenen Kamin. Du kannst sogar mit einem Teelicht eine kraftvolle Feuerzeremonie erleben. Deine Intention für die Feuerzeremonie ist das Entscheidende.

1. Bevor Du damit beginnst, suchst Du Dir zwei kleine Stöckchen. Für ein Feuer draußen brauchen sie nicht größer als ein Bleistift sein. Wenn Du mit einem Teelicht arbeitest, dann nimmst Du am besten ein Streich-holz, von dem Du vorher unbedingt das Schwefelköpfchen entfernt hast (wichtig!).

2. Du entzündest das Feuer und nimmst Kontakt mit den Flammen auf. Die Pacos lehren, dass im Feuer das im Holz gebundene Sonnenlicht wieder frei wird. Es entfaltet sich also die maskuline, manifestierende Kraft der Sonne.

3. Nun nimmst Du das erste Stöckchen und bläst mit Deinem Atem alles, was Du loslassen oder transformieren möchtest, hinein. Du gibst es nun bewusst und achtsam ins Feuer und bist ein heiliger Zeuge, wie die Flammen ihr Werk verrichten und für Dich die Auflösung vollziehen.

4. Wenn alles aufgezehrt ist, nimmst Du das zweite Stöckchen und bläst nun Deine Gebete, Deine Wünsche, Deine Anliegen hinein.

5. Dieses Stöckchen gibst Du nun ebenfalls achtsam und aufmerksam in die Flammen. Du beobachtest wieder dankbar, wie die Flammen Deine Anliegen als Rauch zu Spirit aufsteigen lassen.

6. Danach kannst Du mit den Händen sanft über das Feuer streichen und die Kraft des Lichts in Dein Herz fließen lassen.

Lara'Marie Obermaier

Lara'Marie Obermaier, Heilpraktikerin für Psychotherapie, ist Begründerin der „Fieldhealing"-Methode. Sie praktiziert und lehrt diese Energie- und Frequenz-Medizin, die seit ihrer Initiation am heiligen Berg Salkantay im Jahr 2009 aus der Urquelle zu ihr fließt. Sie bietet diese effiziente und nachhaltige Methode in Einzelsitzungen in ihrer Praxis am Bodensee oder über Distanz an.

Bereits als Kleinkind wurde sie von ihrem Großvater in die christliche Mystik eingeführt und von hohen Frequenzen begleitet. Seit Anfang der 1990er setzte sie sich intensiv mit ihren inneren Verwundungen in mehrjähriger Psycho-analyse, unterschiedlichen Selbsterfahrungsgruppen, intensiver Aufstellungs-arbeit bei Lehrern wie A. Fürmaier und A. Mahr auseinander.

2005 lernte sie in den USA die schamanische Lichtkörper-Schule von A. Villoldo kennen, der sie ab 2009 persönlich zur leitenden Lehrerin ausbildete.

Lara'Marie Obermaier ist bekannt für ihre klare und einfühlsame Art, hoch-komplexe Mysterien in verständlicher Form zu vermitteln. Ihre Klienten und Schüler schätzen sie besonders für ihre Warmherzigkeit und Integrität.

Weiterführende Informationen zu ihrem Ausbildungsangebot, ihrer Arbeit als Schamanin und Therapeutin sowie ihrer Tätigkeit als Autorin finden Sie auf **www.laramarieobermaier.com**. Auf **Spirit-online.de** und **Vigeno.de** publiziert sie regelmäßig Artikel zu aktuellen Themen.